AF607198

VIAJE HACIA LOS HUESOS

PELAYO FUEYO

VIAJE HACIA LOS HUESOS

VISOR LIBROS

VOLUMEN MCCCXI DE LA COLECCIÓN VISOR DE POESÍA

Cubierta: Diego Jordán

Isaac Peral, 18 - 28015 Madrid
www.visor-libros.com

ISBN: 979-13-87745-41-7
Depósito Legal: M-10148-2026

Impreso en España - Printed in Spain
Gráficas Muriel. C/ Investigación, n.º 9. P. I. Los Olivos - 28906 Getafe (Madrid)

El viaje milenario de mi carne
trepando por los siglos y los huesos.

Ángel González

EL IDIOMA DE LOS AMANTES

¿Por qué no hay un idioma que todos los amantes
de este esquivo planeta pudieran comprender?
Cortázar, con el «gíglico» hacía neologismos
de las partes del cuerpo, como una alegoría
hermética que excluye la vulgar descripción
del sexo. Los amantes deberían llamarse
de esta manera para tener conversaciones
en las cafeterías, como incitando al juego.
De todas formas, duele cómo el cuerpo humano
no tiene un solo tipo, y despista el aspecto
extraño de los rasgos de una mujer exótica.
Mas la razón del hombre la conserva en su tacto,
y, pese a diferencias de fenotipos sientes
a un cuerpo placentero que huele a sal marina,
o a madera de un bosque donde es grato perderse.
Mas, si no hay un idioma propicio a los amantes,
que aprendamos, al menos a usar diminutivos.

EL DOBLE

Qué alegría vivir
sintiéndose vivido.
Rendirse
a la gran certidumbre, oscuramente,
de que otro ser, fuera de mí, muy lejos
me está viviendo.

PEDRO SALINAS

Quiero negarme a ser, para multiplicarte:
huir del personaje que refleja mi espejo
para entregarte a ti, que protege mi vida
con la máscara dulce de los amantes ebrios.
Si alguna vez fui bello, respondí con la incógnita
de tu propia belleza como promesa noble
a tal bondad, y ahora, que ya te reconozco,
alimento tu rostro de mi ausencia en el vidrio.
El amor, de esta forma, requiere del alcohol
que adormece el sentido y nos dobla la vista;
una canción sutil al ritmo de las olas
interiores, un choque y un vertido de esperma.
Prefiero que ya nunca te mires al espejo,
ahora que te invado, y sea tu retrato
como el vaho de mi aliento sobre esa ventana,
por donde veo que huyes después de haberme amado.

EL MAR

¡Tan finos como son tus brazos,
son más fuertes el mar!
Es de juguete
el agua, y tú, amor mío, me la muestras
como una madre a un niño la sonrisa
que conduce a su pecho
inmenso y dulce.

JUAN RAMÓN JIMÉNEZ

Ese barco que ahora recorre el horizonte,
en cuyo camarote habita una pareja,
llegará más deprisa al destino fijado
que nosotros al puerto del mar que evoca a un niño.
Porque consta la herencia de un ensueño infantil
cuando cesaba el tiempo de jugar en la arena,
y ya nos sumergíamos con el fin de pescar
un animal exótico que nos diese la idea
de un mar aún más profundo. En tanto que nosotros,
con la brújula inmóvil de un amor en reposo,
gozamos la aventura de juntar nuestros cuerpos,
y saber de memoria la función de los órganos,
no como el niño ausente que habita mis recuerdos.
En el fondo, yo sé que tú querías amarlo,
y no sería imposible si ofreciera mis mimos

a tus suaves caricias, y me hiciese el insomne
frente a tantos momentos de comunión adulta.
Pero ahora ya ves, hay que seguir la estela
de ese barco que antes cruzaba el horizonte,
y adivinar qué espacios nos cita para amarnos,
qué tiempo nos separa de esa arruga del mar.

DE NIÑO A AMANTE

Amor, que te interesas cómo era yo de niño:
sé que no bastará con relatar recuerdos,
porque no aportan una entidad psicológica,
cuando el tiempo era solo lugar de diversión.
Si acaso, como niño he sido encantador,
¿en qué actitud podría rastrear esa herencia?
Porque el mundo nos cambia: obliga a defendernos
de diablos travestidos que anulan tus virtudes
o influyen en cambiar las tendencias morales.
Mas tú vives aquí, mujer de mis recuerdos,
y revisas, curiosa, viejas fotografías
donde estábamos todos, posando para alguien
que pudieras ser tú, porque es un documento
inútil, como anécdota, mi postal amorosa.
¡Oh, mujer! Te propongo que alguien talle un busto
con mis fotografías de referencia, y reces
a ese ser figurado, pero en tres dimensiones.
Si acaso no prefieres que tengamos un hijo
y ponerle mi nombre, tal si fuera un pretexto.

LOS AMANTES

Na floresta do alheamento.

FERNANDO PESSOA

No preguntéis la edad que tienen los amantes:
ellos se reconocen en un espacio mítico
donde el pasado es la ilusión de una historia.
El tiempo en los amantes se altera en un abrazo:
es la cárcel de amor que ya los funde en uno,
sin lugar al reloj, que imita los latidos.
Los amantes habitan los jardines secretos,
distinguen de memoria el olor de las flores,
y se deja picar por la mosca del sueño
para seguir amándose desde espacios distintos.
Puede que los amantes se encuentren con un niño
que le ofrece a una niña una rosa encarnada;
ellos serán sus padres, a pesar de la edad,
y que el cuerpo no ofrezca la comunión del sexo.
No preguntéis, por tanto, la edad de los amantes,
pues provienen del sueño de un ángel solitario
que hace tiempo que habita el alma de los hombres.

A UN CRÍTICO IMAGINARIO

Podéis imaginar a un mal crítico
porque comienza por hablar del poeta
y no del poema.

EZRA POUND

Lector: tú que criticas estos poemas nuevos:
te ofrezco mis palabras para pensar en ti,
oponiendo a tu trato tu función de lector
riguroso que impones cual secreto amistoso.
Digas lo que tú digas, seguiré esta poética:
es la forma más íntima de expresar mi moral.
Y si un verso futuro que aún no has leído
te aporta una pequeña felicidad, ya sabes:
acaso yo revelo mi experiencia lectora
a la vez que civil, y en estas coordenadas
es posible que acabes comprendiendo mis versos.
Si el afán del poeta es trastornar el mundo,
aunque nos comportemos con corrección, recuerda
que en tertulias hablamos a media voz de versos
íntimos que reflejan tu talante y el mío.
De esta forma, te implico en mis composiciones,
y, si aceptas lo dicho, este falso poema
lo dedico a un lector que alabe lo que he escrito.

LA ÚLTIMA COMUNIÓN

En plena adolescencia, sin sospecharlo el cura,
se me quedó su hostia pegada al paladar
hasta el día de hoy. ¿Por qué escribo poemas
donde un hecho sublime se adjetive con Dios?
No creo en la teoría de una estoica humildad,
pero comprendo el cuadro exhibido en mi infancia
con un Cristo desnudo, cuya piedad conmueve.
¿Dónde está ese cielo que nos has prometido?
¿Es más puro que este? ¿Cómo habitan los muertos
que han merecido el don de haber resucitado?
Si aquí cabe de todo, si todo lo vivimos,
¿qué absurda metafísica ofreces a los hombres,
no solo de esta época, sino también los genios
que han hecho el bien y el mal a través de la Historia?

Te ha tentado un número que cifra el universo
y que, desde la ciencia, no podemos saber.
Luego, en la superficie, adoptaste discípulos
con el sagrado fin de extender tu doctrina,
que incluye los milagros que has hecho entre los pobres,
y fuera recogida en cuatro Evangelios.
Soñaste una iglesia que, a través de los siglos
representa un poder insólito: el dinero
y su acumulación exenta a los pobres.

Pero, por otra parte, a pesar de tu fuerza,
no olvides que sabemos que has tenido miedo,
y hablaste con tu padre, como yo ya lo hice
y oraste en el Huerto de los Olivos, solo,
en tanto tus discípulos dormían como bestias.
Sin desmentir el trato familiar y amistoso.
Ese ser más cercano de todos mis queridos
que han muerto, ya no es enigma de una imagen,
sino un tono de voz por el que se deslizan
las cosas que no has dicho: el alma de mi padre.
Mas no creo en un diálogo con los muertos. Jesús:
eres un gran poeta, pero tu profecía
es distinta a la mía. Sin embargo, la ciencia
podría diagnosticarte como un loco genial,
y serías mi patrón. Y tú, lector, ¿qué opinas?

EL MUÑECO

Un muñeco es su opuesto; simboliza ternura
aun cuando es replicante de un animal salvaje,
pero no tiene vida; más bien, la representa
desde el afán del niño que posee una cría.
Y la niña, sin duda, le dará atenciones
a su oso de peluche, fingiendo simpatía.
Son muy rudimentarias las relaciones de ambos,
mas el amor recíproco es solo una invención.
Pero la niña crece, y su oso de peluche
ya tiene un ojo flojo y un labio despegado,
pero, aun así, lo quiere porque ha representado
un motivo feliz en sus juegos pueriles.
El muñeco, que ha sido su opuesto, es la Nada:
ha seguido un proceso de ausencia de entidad,
mas nadie va a negarle su condición de símbolo,
de ayuda emocional a la que ya es la joven
que, gracias al muñeco, ama a los animales.

EL NIÑO ENFERMO

Duerme, flor de mi vida,
duerme tranquilo,
que es el dolor el sueño
tu único asilo.

Duerme mi pobre niño
goza sin duelo
lo que te da la Muerte
como consuelo.

MIGUEL DE UNAMUNO

Desconoce las reglas de los juegos de infancia;
le sorprende el esfuerzo que eso implica a los niños.
Le gustaría estar expuesto al aire libre,
como esa mariposa que, sobre la ventana
de su cuarto de posa, y al rato se despide
el aroma que ignora del jardín lo entristece,
y no engaña a las ansias de correr por un prado
con sus amigos: esos ajenos a la planta
del hospital, benditos, pero sin devoción.
Eso sí: todo el mundo le muestra su cariño,
como un soldado besa a sus familiares
antes de combatir… Acaso les da pena
pero también temblor a nombrar una muerte
que ronda la farmacia del hospital, aséptica.

Mas el niño se ríe, aunque brille en sus ojos
la piedad y el dolor, que provocan ternura
en la familia adulta que viene a visitarles.
No dejará de ser un niño para siempre;
nunca conocerá la alquimia del amor;
no tendrá un trabajo… Y, sobre todo, duda
acerca de la muerte. Qué gran fatalidad
quiere su consunción como humilde conquista,
qué culpa, qué motivos juzgan su sufrimiento,
en nombre de qué Dios justificar su vida,
en nombre de qué vida enarbolar su muerte.

DIBUJOS ANIMADOS

La magia de Walt Disney, durante varias décadas,
nos condujo a otro espacio cuya imaginación
excitaba a los niños. Antes eran los comics,
de extáticas figuras y texto elemental,
describiendo aventuras urdidas de memoria
por nosotros, que éramos arquetipos mundanos,
ya lejos de animales de actitudes humanas.
Luego, los más dotados, emulamos los cuentos
con nuestra pobre técnica, que, de alguna manera,
consiguió que medrásemos en los actos sociales
al imitar facetas de buen comportamiento.
Muchos abandonamos este atractivo «hobby»,
y seguimos mirado las cintas de Walt Disney,
hasta que en una clase sobre los fabulistas
de la época clásica, e Iriarte y Samaniego,
vimos que la distancia entre animal y hombre
se estrechaba a la hora de hablar de caretas,
y, de ahí, que el delirio del profeta Walt Disney
descrimine los roles de ciertos personajes.

METAPOEMA

Escribo estas palabras como interrogaciones
a un lector que me es fiel, para que me confiese
si mis versos son cartas de sirenas que aturden
al lector, y confunden con su música el texto;
o, en cambio, profundizan conde ya no hay ideas
acerca del enigma del hombre de este tiempo;
o, si acaso, reforman recuerdos que he tenido,
sublimando la historia de un muchacho cualquiera;
y si, por fin, disculpan mis burdas estrategias
con fin de seducir a un alma gemela.

CONFESIÓN DE UN MORIBUNDO

Rechazo el voluptuoso campo del cementerio.
Amor, que reconoces el tiempo que me queda
para seguir queriéndote con la ausencia del sexo:
sabes que no me une nada a ese escenario.
Con la disculpa noble de quien te ha amado mucho,
pido un último esfuerzo: llévame a ese sendero
que bordeaba el monte desde el que contemplábamos
lo diminutos que eran las casas de los hombres.
Un día como tantos, seré solo cenizas,
y sembrarás la tierra con mi estéril semilla
allí donde te digo. Decorarás mis restos
con dos palitos blancos, aunque no debo nada
a nadie más que a ti —yedra que por la cruz
asciendes hasta el punto de convertirte en rosa—.
Tú eres mi dios privado; la que tiene la llave
que guarda los secretos de los dos, más brillantes
que mi pálida piel. Cuando, al fin, haya muerto,
pon la fotografía más íntima, y al lado,
este último poema que sabrás de memoria.

LOS DOS FRENTE AL ESPEJO

Que los dos nos veamos en este mismo espejo
ahora y a la vez; que los dos constatemos
esta grata mentira, y luego, cara a cara,
nos besemos fijando un espacio distinto,
al revés que las cosas, que no pueden moverse.
Volvamos hacia un punto de este mutuo reflejo,
y yo veré un lunar que se esconde en el pelo
de tu frente, y tú un rictus que no suelo emplear.
Y hay veces que, al mirarme, te pones colorada
por un despiste íntimo, y yo me pongo pálido
intuyendo el reflejo de estas dos calaveras.
Pues si nos expresamos los dos frente al espejo,
tu cansancio recuerda un proyecto de lienzo,
y entonces nos movemos, cambian las perspectivas,
con el fin de que nunca, pese a todo lo dicho,
nos atrape a la vez, y nos cautive el sueño.

MEMORIAL DE UN MUERTO

Mas la muerte de uno no puede con la vida
de sus seres queridos. Mientras que haya un símbolo
que recuerde su infancia —que es la Eternidad—,
el amor a las cosas contagia nuestro amor.
No se trata de abrir los álbumes de fotos,
porque todos presagian el fin del retratado,
sino representar los pensamientos únicos
del que sigue en nosotros y habita en nuestro aliento.
Ya no importan las fiestas que el muerto no disfrute:
en la Nada se pierden todos nuestros encuentros,
y se trata de echar el ancla de la vida
para así evocarlo, aunque sea un momento,
con la audición de todas sus canciones queridas,
para que su esqueleto se mueva descarnado.
Caben en una ausencia todos los pensamientos
del que nos ha dejado, y sus supervivientes
podrían repetir un acto «ad infinitum»
si no fuera que el tiempo es dominio de los vivos.
Dejadlo descansar. Ya ha marcado su huella
incomparable en todos nuestros dedos: ya toca
a todos sus amigos con un acto de más.

LA CAZA

La ciudad no permite la matanza animal.
Pero, si acaso piensas en la selva africana,
tenemos que atenernos a un ecosistema
tan cruel como preciso. Y, si hablamos del hombre,
estamos en la escala superior, mas el miedo
huele en cualquier lugar como aliento de bestia.
Si acecha una leona a una gacela joven
causa gran impresión cómo engaña a la presa,
su interpretación del juego de la muerte,
del cual ya suponemos su angustioso final.
Al ver en la pantalla ese documental,
nos llena de ansiedad, emoción y tristeza
luego, ante el cuerpo muerto de la gacela joven,
llegan desde las cumbres águilas carroñeras
para afear el cuerpo antes de ser corrupto,
lugar para tertulia de fatigosas moscas.
Esto es algo que pasa con muy amplia frecuencia,
pero los ciudadanos cómodos y sensibles,
viendo el documental comprenden la estrategia
mejor representada de la muerte animal.

LÍMITES DEL AMOR

Si viviese el milagro de ser Dios por ser tuyo,
sabiendo del poder que por ti me concedes,
procuraría amarte en una dimensión
que está fuera del tiempo que todo lo hace inane.
Empezaría amando a tus padres y hermanos,
a los niños y niñas que jugaban contigo,
a tu primer amante, tan torpe y excitado,
a la que fuiste tú… Y yo te contaría,
por espacio de horas un mínimo incidente,
y, en cuestión de minutos follaría contigo
hasta quedar exhaustos después de un gran orgasmo.
Así, alterando acciones y también pensamientos,
iremos sorteando los límites del tiempo,
anulando el concepto de historia (con minúsculas)
por haber compartido un deseo inhumano:
que yo, por ser tu Dios y siervo de tu vida,
prosiga, con tu muerte, mi amor hasta la tumba,
y ver, tras ese rostro arrugado y cianótico,
a la carne pudrirse hasta llegar al hueso,
y ahí besarte yo para morir contigo.

UNA CANCIÓN

Sé que hay una canción de un autor asturiano
que, a veces, me produce una dulce emoción.
Se trata de una nana que cantaba mi madre
cuando yo era un bebé, y me hacía llorar
en vez de adormecerme. Una estrofa decía:

> *Si viviere el to padre,*
> *que yera tan buenu,*
> *collarinos de plata*
> *puxérate al cuellu.*
> *Agora non, mio neñu,*
> *agora non.*

En este mismo instante llega un brillo a mis ojos.
Recuerdo a mis hermanos y a mi padre jugando
al fútbol, excavando la arena de la playa,
andando de excursión… Pero también recuerdo
a mi padre y a mí fumando en la terraza,
a mi padre contando divertidas anécdotas,
hablando de mis nervios y también mis estudios,
de Marta, mi primera y única novia que…
Hace más de diez años que se ha muerto mi padre,
y ahora me arrepiento de lo que no intimamos
de cosas que ninguno se atrevió a confesar,

de no zanjar del todo un recuerdo remoto,
de no aceptar a Marta como tal…
La que, ahora,
ya tan lejos de mí, canta a su hijo huérfano:

Si viviere el to padre
que yera tan buenu (…).

EL OLOR

Los aromas que antes evocaban la infancia
ahora son el indicio de una muerte adventicia.
Y no es que ahora recuerde un trauma de aquel niño,
o que tenga reciente la muerte de mi padre.
De hecho, yo asociaba el final de la vida
con un olor a podre de un enfermo en la planta
con otros desahuciados, y ahora ese olor aséptico
de las lavanderías y tiendas de farmacia,
me aleja de lo humano. No se trata del gato
que ha atropellado el coche y ahora es un bulto seco;
ni ese olor a sangre del obrero que un día
vi caer del andamio, y su cara tapada.
Quiero decir: hay formas y olores de la muerte,
mas la angustia me hace disfrutar de otro modo
más intenso el aroma que me ha hecho feliz.
Por ejemplo, el olor de vaho de eucaliptos,
el laurel que adornaba la frente de una niña,
el olor a mimosas en el jarrón de un cuarto…
Podría recordar más elementos pero…
¿Por qué es el aroma natural el que ejerce,
más que el recordatorio de la infancia, el traslado
a otra dimensión que supera la muerte?

AUTO DE FE

Con cartas a mujeres no enviadas a tiempo,
y con fotografías en sitios afectivos,
voy a hacer una pira mientras rezo en voz baja
el poema más puro que pude haber escrito.
Es posible que el fuego se reparta en dos lenguas
por el vario motivo de este «auto de fe»,
porque las fotos cuentan y las cartas describen,
y quiero hacer un duelo y hacer una conjura
para que el amor ido no estorbe a mi memoria.
Aún no sé qué figuras desvelará este fuego,
pues las fotografías hacen del cuerpo un símbolo,
y los actos de amor, por motivos extraños;
también las cartas son discursos esqueléticos
que van de un lado a otro y concluyen en nada.
Cuando ya todo sea cenizas con sentido,
espero que este rito no atienda a maldiciones,
sino que me desnude de todos mis fantasmas,
y deje paso libre a un amor sin complejos.

LOS HUESOS

Me justifico en el dolor. No hay nada:
yo no encuentro en mis huesos cobardía.

ANTONIO GAMONEDA

Amemos a los huesos, que son el referente
de nuestro ser humano, para todas las formas
y ninguna en concreto; pensamos, al tocar
la monda calavera, que aún tiene propietario,
a pesar de que adquiere un gran valor simbólico,
permitiendo a los vivos imaginar la carne;
no se trata, por cierto, de despreciar lo bello
que hay en los ojos verdes de una mujer que he amado,
ni ofender la sensible caricia en ese rostro.
Hay que acordar un tiempo para el hueso y la carne;
funciona el esqueleto como un sordo sostén
—tanto para la vida como para la muerte—,
y de ahí su nobleza se convierta en engaño
que no duele —ya he dicho— ante una mujer bella.
Tanto si das un beso, como si estás pensando
una idea abstracta, no se alteran los huesos.
Y, ante la frente pálida del cráneo de un enfermo,
un ósculo piadoso de permiso a la muerte.

EL VIAJE

¡Adelante, viajeros! Sin escapar del pasado
hacia vidas diferentes, ni hacia ningún futuro;
no sois los mismos que dejaron la estación
ni los que llegarán a ningún terminal,
donde los raíles estrechándose se deslizan juntos allá detrás.

S. Eliot

Hay un tren que me lleva a un pueblo de mi infancia,
que sugiere sus cambios y los de mi familia.
No es el mismo que anda por puentes inestables
que producían vértigo, y el ruido de madera
de los toscos asientos, que hace incómodo el viaje.
Este trayecto adulto provoca una emoción
que no limita el juego como reconocer,
detrás de las ventanas, a ese niño que fui
y que va sucediendo en cada estación.
Pero antes de llegar, entramos en un túnel,
con un ruido chirriante, y sobre las paredes
—pinturas prehistóricas— hay algo de «art brut».
Al llegar al final, la memoria se pierde,
y late el corazón a gran velocidad.
Visito a mi familia; me sorprendió que todos
habían envejecido mientras duró el trayecto,
por todos los recuerdos que yo le concedía.

Y yo, en cambio, era un hombre que había descontado
su edad en cada tramo. Fue llegar a la casa
de mis nobles parientes como hacer un desnudo
de ciertos compromisos,y suelo recordar
un camino que ahora no transitan los niños.

EL ESPEJO Y LA VENTANA

Ese hombre, cansado de ser ninguneado,
se enfrenta al espejo y encuentra una ilusión,
no tanto por ser bello desde un punto de vista,
sino al reconocerse como el que ahora es.
Lleva haciendo ese rito desde que era joven,
buscando allí poemas que, partiendo del yo,
complazcan a una chica que conoció de vista,
mas su voz no refleja la luna de cristal.

Lugo está la ventana, por donde contemplaba
pasar al transeúnte, imaginando citas
de amor o de trabajo, siempre tan ocupados
que provocan su envidia, a él, que nada espera.
Y como no ha querido saltar por la ventana,
bajó las escaleras que llevan al portal,
en busca de algún hombre en la barra de un bar,
que comprenda mi vida hasta el último instante.

EPITAFIO

¡Oh, yo no estoy aquí! Dejen de preguntarle
por mi al enterrador, sino a los jóvenes
amigos que me tienen por un poeta docto.
He enfriado su sangre y yo les enseñé
el amor a distancia, y otras moralidades.
Puesto que no soy más que el hombre que ahora escribe
este absurdo epitafio, quiero decir que el trato
con hombres y mujeres, me proyectó la vida
a otra dimensión; mas la literatura
se impuso al amor carnal o el amistoso.
Ahora, que critiquen los poemas que he escrito
por cierta infracción del sujeto civil.
Si yo hice daño al mundo, que mi imaginación
decore con ternura un mundo renovado.

EL SUICIDA

Mis manos se han desnudado
y se han ido donde la muerte
enseña a vivir a los muertos.
ALEJANDRA PIZARNIK

Él habita una casa como un museo de horrores.
Las cosas, que parecen descansar de su uso,
se acostumbran a ser instrumentos de muerte.
Una noche cualquiera, las alucinaciones
determinan que está condenado a extinguirse
por un acto esencial. Y comienza el teatro
con cuchillas, con cables, bolsas y cinturones.
Con esto, el suicida ya no se siente torpe,
sino que ha acariciado las formas de la muerte,
y se enfrenta al espejo con ojos de salvaje,
de animal metafísico que excusa los motivos
del suicidio. La noche le propicia un insomnio
que le hace proteger de memoria a los suyos,
inocentes durmientes. Y aunque insiste el peligro
—ahora origen del cielo para los familiares—
recuerda otros momentos de placer en la infancia,
y espera una mañana luminosa y amnésica
que le haga proteger de su segura muerte.

EL VOYEUR

Camino por la calle, y mis ojos se fijan
en la cúpula hermosa de una iglesia cualquiera,
pero, al bajar al suelo, no tengo más remedio
que contemplar los culos de las hembras que pasan.
Los hay de varias formas, y a todos los deseo,
me imagino rituales sexuales diferentes,
aunque sé que el orgasmo no entiende de figuras.
¿Qué puedo hacer yo ahora? No las persigo a ciegas,
no me rebajo a eso. Primero hay que escoger
a una que se preste a todas mis ofertas,
y entonces, por mi parte, desplegaré un teatro
culto y elegante, sensual y distinguido;
la invitaré a probar un poderoso vino,
y acompañarla luego hasta mi dormitorio,
sabiendo que hay dos clases: y a todas las deseo
aunque sufran bulimia o sufran anorexia.

EL NIÑO LOCO

Cuando mira al espejo no es un niño cualquiera;
tampoco es que dialogue con su mismo reflejo,
mas ríe de tal forma que estremece a los ángeles.
Le dicen que es travieso, que se enfrenta al maestro
y lo pone en ridículo; luego escribe poemas
que trascienden el grado de lo educativo.
Comentan que maltrata a los animalitos:
les echa fuego y cita un verso a su papá
que haría escandalizar a una familia noble.
¡Oh, dónde la ternura de la estatua materna,
las caricias, los mimos…! Es un pequeño rey
que tiene una cohorte de amigos serviciales
que de la nada arman una revolución,
con proclamas estéticas del todo imaginarias.
Sin embargo, a veces, se queda como absorto,
con la mirada ida de la melancolía…
Contiene en su locura a todas las edades,
y aunque tiene un afán por aventuras góticas,
llora como si un viejo recordase su infancia.

EL TIEMPO Y EL ESPACIO

Cuando mi mente vuela a un rincón del pasado,
elude la distancia, y por lo tanto el tiempo
que tarda en llegar. Cuando me infiltro dentro
del país de la infancia, estoy desorientado
por un tiempo fantasma que carece de brújula
en este que ahora soy, no en el reloj de arena
donde el grano no pasa, mas persiste el misterio.
Pero aquí, donde habito, si anulo evocaciones.
El tiempo son pequeños mecanos construidos
por el orden preciso del proyecto futuro.
El hecho es que, ahora mismo, escribo un poema
que aún no he concluido, y es una moraleja
que acuse la nostalgia y no el encantamiento,
que valore el presente que crea y no caduca.

EL POETA MENOR

¿Dónde está la memoria de los días
que fueron tuyos en la tierra y trajeron
dicha y dolor, y fueron para ti el universo?
Lo has perdido, eres una palabra en un índice.

JORGE LUIS BORGES

En tu reloj de arena una gota de sangre
cortó su evolución como una vieja herida
que te ha hecho soñar con un fervor caído.
Pero, ¿quién eres tú? El segundo pronombre
que te proyecte es como un ojo cansado,
de no haber conseguido valores muy comunes,
y escribes con cautela sobre los sentimientos
que te llevan a hacer del poema una estampa.
En vano escribes sobre un espejo traslúcido
para no suicidarte; nos muestras a ti mismo
rodeado de cosas que no explican tu oficio,
tu lenta gravedad de falso zahorí
que se escapa de sí, pero dejando un rastro
que nos causa dolor, mas no emoción alguna.

NIGHTMARE

Estaba en un zulo, desnudo y esquelético.
Me horrorizó mi cuerpo, y padecía amnesia
respecto al proceso que me llevó aquí.
Di vueltas por la estancia, e intenté recordar
qué les había pasado a mis seres queridos.
Entonces, pregunté en voz alta con rabia,
por si me oyese alguien responsable del hecho.
Un altavoz me dijo: «Sabes que eres el único
superviviente de esta incoherente raza».
Entonces, desolado, lloré —¿por qué motivo
mis discursos habían traicionado a la gente?
No sabía qué hacer. Para calmarme, pues,
recité de memoria versos de mis amigos
junto a los que fueran mis últimos poemas.
Al oír mis palabras, volvió a sonar la voz:
«Explica cabalmente lo que quieres decir».
Yo intenté analizarlos pero todo fue inútil:
él no me comprendía. Luego me amenazó:
«va llegando tu hora». Y, al abrirse la puerta,
vi a un amigo iletrado blandiendo un cuchillo.

EL CASTILLO DE ARENA

El mar ha respetado el castillo de arena
que, al terminar mi infancia, construí con mi hermano.
Su estructura compleja para tan frágil medio
evocó el laberinto de episodios caseros,
de enfrentamientos turbios entre mis familiares,
y un lamento inocente detrás de cada puerta,
y un endurecimiento de proyectos sensibles.
¡Cuánta debilidad cuánta melancolía…!
Pero mi padre ha muerto: solo ocupa una urna
cuyo polvo ha deshecho el final de sus gestos,
y quiero recordar su última sonrisa.
Ya sé que es tarde, pero un castillo de arena
se está deslavazando, mas no acaba de hundirse:
hay un sueño infantil que inventó su esqueleto.

EL CUADRO

La contemplación del silencio, de Juan Falcón

Un dolmen son tres piedras y un sueño prehistórico.
Esta que ahora contemplo es una puerta mágica:
la bordea un murete que, a la izquierda, soporta
ese objeto atávico que es una calavera,
y, a la derecha, el fruto de un pez desubicado.
La calavera indica la época del Hombre
anterior a la mística, y el pez, fuera del agua,
provoca la nostalgia de un mar que ya es lejano.
Hay una de las piedras cuya talla es perfecta:
es la piedra angular que un hombre inteligente
aportó al murete. Y, a la derecha, un cuerno
evoca un animal de orden mitológico,
o sea, la locura que evoca lo invisible.
En el medio hay un hueco y una pequeña verja
a la que tiene acceso solo el hombre iniciado,
que está purificado, y se enfrenta al silencio
del cielo entre las piedras, que es la ausencia de todo.

LA ESTATUA

(Variante del mito de Pigmalión)

No sé quién te ha esculpido, pero yo te aseguro
que eres más hermosa que tu propio modelo,
con tu forma imperfecta y tu ausencia de gestos,
y acaso ya te adueñas de un pedazo de calle.
Me evocas a alguien a quien yo también quise:
¿no eras tú en otro tiempo, disfrazada de carne?
Pero no busco a esa, e imagino tus nervios
a flor de piel, debajo de tu falda de bronce:
no puedo soportar que seas de una pieza
que, en vano, presiente mi calidad humana.
Mas aún no he hablado de esa inútil caricia
que te ofrecí en los ojos y después en los labios.
Sigues estando inerte, pero nadie ha tocado
tu corazón de bronce, que es réplica del mío.
Si quieres evadirte de tu estado de estatua,
buscaré en las glorietas las rosas más maduras
cuando llega la noche y es fácil confundirse
o al borde del estanque, donde habita el reflejo
de tu cuerpo y la luna, aliados del insomnio,
con un placer platónico que nos llega de lejos.
Todo es imposible, excepto si tu talla
representa a una joven que es de carne y hueso.

Pero dije al principio que no me encantaré
si no con tu enlace, puesto que tu escultura
aún espera la mía para poder amarnos.

DE PROFUNDIS

Sí, poeta: el amor y el dolor son tu reino,
carne mortal la tuya, que arrebatada por el espíritu.

Vicente Aleixandre

El reloj que descuenta mis momentos de vida
lo tienen mis amigos, y entre sí se reparten
telas del trampantojo de mi leyenda urbana.
Mi muerte es más compleja que una rosa marchita;
es un túnel que cruza por mis seres queridos
dejando falsas pistas y esbozos de promesas
que al llegar al andén cegarían mis sueños.
No pienso en ese límite, porque tengo proyectos,
como un ilusionista, para hacer de mis versos
una lección de magia que ilumine a los hombres.
La muerte me acompaña como un ser que en mi cuerpo
merodea y conserva los rasgos de mi rostro,
como si fuera el hijo que creó mi memoria.
Por eso he sorteado el pozo de la angustia,
y el dolor que constata la mayor certidumbre,
para seguir creando, de la mano del diablo
—que avala mi rencor a un rechazo amoroso—
poemas tan sensatos como este que he escrito.

LAS RUINAS

Allí, entre las piedras, hay dos niños besándose,
provocando a los lares de estos restos heróicos.
Otros buscan los huesos rociados de orín
de gato, además de casquillos de balas.
Los hay que, motivados por el lugar, recitan
la «Canción a las ruinas de Itálica», de Caro.
Otros, los más ingenuos, juegan al escondite
detrás de unas piedras bordeadas de viento.
En algún que otro hueco de ladrillo, hay niños
que cazan lagartijas y rompen telarañas.
Los hay que representan una escena dramática,
y finge un desmayo y unas palabras mágicas.
Otros juegan con cuerdas, con tizas y balones,
acaparando espacio y negando el enigma.
Sin embargo, también hay un niño rezando
por todos los que han muerto cuando aún no había ruinas.

PRIMER AMOR

Fue mi primer amor quien borró la inocencia
de mi rostro, y me hizo duplicar el espejo
y añadir a mi espíritu su mejor complemento.
Yo era un chico tímido, pero entregado a un cuerpo
que aprendí de memoria, y fue la posesión
más íntima que tuve, aunque no la más bella.
Es posible que ahora, pasados tantos años
de esa ruptura, tengas recuerdos de ese joven
que te inició al amor: mis lágrimas vertidas
cuando íbamos juntos por un camino alto,
o los versos escritos en libretas lujosas,
mientras ambos tomábamos un café con purito,
y el humo del tabaco dibujaba dos cuerpos
entrelazados como si fuera un signo mágico.
He tenido torpezas al tratarte, lo sé;
sin embargo, sospecho que si ahora me vieses
más viejo y asentado, no me desearías
como aquel chico noble, pero sé que podríamos
reírnos de una anécdota o de un razonamiento
inmaduro. Quizás contaríamos luego
noticias nuevas sobre nuestro estado civil,
y, al final, sé que un rictus, o tal vez un temblor,
delatará el resto del amor que tuvimos,
y quisiera que nunca podamos olvidar.

EL LIBRO

Si busco en los estantes que hay en mi biblioteca,
estoy seguro de que me llevaría un susto
ante la infiltración de un libro ya olvidado;
y por superstición, pensaré que en sus hojas
se esconde una verdad que curaría mi alma.
Del resto, como siempre: hay poetas que alumbran
y, al rato, no emocionan; e incluso hay libros
cuya lectura exige un esfuerzo insolvente.
Pero ese libro mágico que salvará mi vida
por un tiempo, también orna las bibliotecas
de amigos bibliófilos, de los cuales ignoro
qué efecto le ha causado la lectura del libro,
partiendo de que somos de carácter diverso
y del estado en que se leyera el volumen.
O si estos se centran en las obras menores
sin arriesgar, buscando un aire de familia.

EL TEMA DE LA ROSA

Rosa, oh pura contradicción.
Deseo
de ser sueño de nadie
bajo tantos párpados.
RAINER M.ª RILKE

Todas las rosas son reflejo de una rosa
simbólica y salvaje. La blanca y aturdida
de la infancia, la negra del final desconsuelo.
Si una niña aspirase la flor hasta el rubor,
o el amante besase sus pétalos y, luego,
las ofreciese a su dama, hablamos de una rosa
cuyo signo se cifra en dos modos de amor.
Por eso es tan absurda una rosa de mármol:
esta no significa una entrega vital,
sino esa forma última que moldea la muerte.
Y la rosa de plástico… Como vaciar el útero
de una joven enferma; ni siquiera el insecto
tiene algún interés por esa forma «hitsch».
Que en el pequeño alféizar sembremos nuevas rosas
para ir repartiéndolas a los enamorados
que cruzan por la calle, inspirando estos versos.

LOS JUEGOS INFANTILES

La infancia es una patria que abole los complejos;
es una utopía de la acción no oficial.
En mi pueblo de niño no existían las taras,
y estábamos dispuestos a cualquier diversión.
Sin embargo, el término «deixis in phantasma»
nos venía ajustado, pues soñábamos vernos
convertidos en reyes, mosqueteros, piratas…
No hemos vertido sangre de falsos enemigos,
y al llegar a la casa, se tornan los efectos
a la familia, cambian las normas de conducta.
Pero los prototipos con que nos disfrazábamos
fueron desvaneciéndose a la vez que encontramos
una limpia mirada de una niña de ensueño.
De esta manera fue claudicando la infancia:
los cuerpos femeninos guardaban un secreto
inesperado, y ahora contábamos misterios
de un mundo que los padres apenas intuían.
Y los primeros roces, torpes e inocentes,
prometían un largo futuro de reencuentros
que aún no imaginábamos, porque éramos niños.

MI TORRE DE MARFIL

Las cosas de mi casa siguen un orden mágico,
y mis libros se apilan según las sensaciones.
Cuando llega la noche —mi Torre de Marfil,
aliada del silencio— se me ocurre una idea
en forma de aforismo, o un poema me aleja
a lugares distintos pero muy emotivos.
Es mi voz personal forjada por los libros
las fotos de mi infancia, y ensayos y poemas,
y también los fetiches dan idea del tiempo
de una posesión, de un reposo muy tenso.
Cuando acabo un poema, con frecuencia requiero,
de un amigo y poeta su más sincera crítica;
pero, a veces, ocurre que su curiosidad
le lleve a querer ver mis cosas y libros,
a lo que yo accedo, mientras no sea de noche.

EL POETA Y LA SOCIEDAD

La función social del poeta va más allá del mero hábito de escribir y hacerlo ateniéndose a técnicas y recursos literarios, sintácticos y gramaticales: su función se relaciona con la capacidad que él tiene para observar y analizar su entorno, a fin de sintetizar su análisis en la expresión poética, cuyo resultado es el poema.

LUIS CERNUDA

Amigos y poetas: no creáis que los versos
que habéis escrito sean lecciones de conducta.
Para empezar, sabed lo poco que os leen,
y es como si no hubierais habitado otro mundo
que no fueran los bares, donde hablamos de todo.
Es el mundo que une a todos los poetas,
formando con sus cuerpos un ente imaginario,
y esa amplitud que canta —aunque la clase media
no interpreta el nivel— es confraternidad.
Sin embargo, el poema requiere otra estrategia
y otro vocabulario que desdeña la calle,
aunque el «poeta cívico» case con cualquier tipo.
La gente ignora el sueño de la homeopatía,
y el tiempo que exige el brote de un poema,
que luego se interpreta como lengua proscrita.
Por eso, vuestros versos, que no ignoran lo humano

de los viejos poetas del cincuenta, podrían
diferir un esfuerzo sobrehumano al lector,
utilizando símbolos que rehúyan la hermética.
Por lo tanto, empezad aceptando esas claves
que, en un futuro, el hombre sabrá interpretar,
pero nunca firméis una pena de muerte.

DESNUDOS

La gente va vestida portando la bandera
de un país sin historia. Los jóvenes ostentan
camisas ilustradas con motivos banales;
los mayores acatan tradiciones solemnes
que nada corresponden con su expresión facial.
Tú y yo, mujer, desnudos, ignoramos el Génesis
y la vergüenza atávica de poseer un sexo
que, en el fondo, no es más que complemento de otro.
Riámonos de ellos, porque vamos sin máscara
—ni ocultamos la cara, ni ocultamos el sexo—
e ignoramos que somos vísceras y esqueleto,
tatuados en la piel el lema que aprendimos
de nuestra pura unión. Repudiados por muchos,
nos iremos al mar, donde todo es esencia,
donde todo es inmenso y todo está desnudo,
al hacer el amor al borde de la orilla
como animales lúcidos que ignoran tradiciones
pacatas. Enseñemos al hombre primitivo
una nueva postura para ejercer el coito,
y muramos de viejos, donde las olas laten
contra rocas inertes, desnudos como el mar.

METAPOEMA (II)

He escrito un poema que ha borrado el fantasma
que se esconde en mis libros. Recuerdo que hablaba
de ríos y de mares, de puertos y montañas,
trenes, barcos y aviones, y de un niño pequeño.
Ahora son los versos como olas batiendo
contra un margen blanco. Ninguno de ustedes
es ajeno a los símbolos que incluía el poema,
por lo que fácilmente podría construir
una trama no exenta de claridad, o hermética,
y mandarlo deprisa al Depósito Legal.

ÍNDICE

El idioma de los amantes 9
El doble 10
El mar 11
De niño a amante 13
Los amantes 14
A un crítico imaginario 15
La última comunión 16
El muñeco 18
El niño enfermo 19
Dibujos animados 21
Metapoema 22
Confesión de un moribundo 23
Los dos frente al espejo 24
Memorial de un muerto 25
La caza 26
Límites del amor 27
Una canción 28
El olor 30
Auto de fe 31
Los huesos 32
El viaje 33
El espejo y la ventana 35
Epitafio 36
El suicida 37
El voyeur 38

El niño loco 39
El tiempo y el espacio 40
El poeta menor 41
Nightmare 42
El castillo de arena 43
El cuadro 44
La estatua 45
De profundis 47
Las ruinas 48
Primer amor 49
El libro 50
El tema de la rosa 51
Los juegos infantiles 52
Mi torre de marfil 53
El poeta y la sociedad 54
Desnudos 56
Metapoema (II) 57

Esta primera edición de *Viaje hacia los huesos*
se acabó de imprimir en Madrid
el 22 de abril de 2026,
Día de La Tierra.